MW01602019

INVENTARIO

Lo que soy y lo que tengo

Nathalie B.

Diseño de la portada e ilustraciones: Nathalie B.

Dedicado a mis espejos, aquellos quienes con oídos prestos a escuchar y palabras sabias en sus labios, han hecho posible hacer un inventario de lo que soy y tengo.

Contenido

INTRODUCCIÓN

Todos poseemos materia prima para crear, interpretar y vivir el mundo. Ésta colección de poemas invita a la introspección con el propósito de explorar, identificar, conocer y reconocer lo que somos y tenemos para vivir.

 Reflexiona temas como la voluntad, la sanidad de los recuerdos, espiritualidad, entre otros.

Al final del poemario, se encuentra un fragmento de una novela titulada "Cripsis" y está programada para ser publicada más adelante.

INVENTARIO

Lo que soy y lo que tengo.

MENTE

Del baúl de lo vivido he rebuscado y sacado
solamente las prendas que quiero lucir.

He encendido una vela muy cerca del resto
y aguardo en luz de sus llamas,
ver el porvenir.

La tentación de
avergonzarme
de mi errores pasados,
sigue estando latente
cada amanecer
y con ella he apelado
 al humilde ejercicio
de reconocer
que queriéndolo o no,
 me trajeron aquí.

Del baúl de recuerdos aún quedan colores,
fragancias y rostros que me hacen recordar,
 que mi voluntad ha sido forjada
con caricias y besos,
también con adioses
difíciles de pronunciar.

Hoy me encuentro sentada
frente a este honesto espejo
que refleja lo orgulloso
 que se siente de mí.
Valió pues, la pena
cada tarde inconclusa
y cada día feriado que
pasé junto a mí.

 He dejado mi barca
en en una orilla lejana
 y con ella he quemado
 el último baúl,

pues vi que pesaba
 y vi que el remordimiento
no sirve de nada
en este nuevo Edén.

ESPIRITUALIDAD

Estrellas y galaxias…

¿Es posible que esta sensación de eternidad sea pasajera? Confusa contradicción.

Perenne el alma de quien no busca trascender. Efímero el aliento del que no persigue la eternidad.

Dichosos todos los que, sin cerrar los ojos materiales para siempre, podemos percibir que hay algo más.

La poesía, lo eviterno de la música, la belleza, la armonía de la creación…

Dichosas las gentes distantes que con honestidad, conservan el ser agradecidos al sol, a la tierra o al agua.

El humilde reconocimiento de lo superior, me hace pensar en lo inmóvil, lo que perdura más allá de mis días.

VOLUNTAD

En el Edén de mi sueño hay un fruto prohibido,
rodeado de espinos incluso para mí. Fuerte
inexpugnable custodiada por mares de olas
salvajes que vigilan por mí.

No tengo remedio, es inalcanzable
y aunque es deseable, se aleja de mí.
Incluso el más fuerte de todos
los hombres no ha podido ni puede
llegar hasta allí.

A imponentes navíos y a fieros piratas
he visto sus embarcaciones caer.
Se elevan valientes y fuertes corrientes
alejan de ellos su destino final.

Destruyen su empresa y yo mientras tanto,
sentada en el faro me pongo a pensar:

Cuán grande tesoro, qué fuerte el deseo

que impulsa a los seres,

lo prohibido encontrar.

Qué suerte he tenido

de estar custodiada

por mares del llanto

que nació en mi ayer.

MIGRACIÓN

En coma está la tierra sagrada, fatídico silencio
adorna tus plazas, antaño coloridas.
 En la oscuridad de las calles desoladas,
huele a templo inhabitado y está lleno de vacío.
Recuerdos tediosos en blancos y negros,
producen hastío.

Se extinguieron entre las brumas
y sus habitantes de antaño, caminan en
manadas buscando refugios lejanos. Hermosas
ovejas, fuertes jóvenes y blancas, buscan
verdes pastos y huyen de pastores ciegos.

¿Por qué se van? preguntan los viejos
¿Quién ha quebrado sus sueños aquí?
¿Quién maldijo esta bendita tierra?
¿No os bastan los festejos coloridos?

¿Acaso no es la sangre suficiente motivo?
Pero siguen su camino sin mirar atrás,
 pues "nos volveremos muchas cosas,
pero nunca sal".

Dejando el espacio atrás,
creen abandonar melodías que sin sospechar,
vivirán buscándolas en otros labios,
con otros instrumentos,
en verdes pastos, pero condenados
para siempre a nunca olvidar,
condenados eternamente
a esas melodías entonar.

LIBERTAD

No hay corazón en aquel que encierra un pájaro
y quien en su jaula ve caer,
desoladas y sin uso, día a día sus alas.

No hay noción de la belleza
en quien elige ser espectador del penoso
deterioro, de la muerte inevitable de sus plumas,
antes que la humildad
de elevar su vista al cielo y verlas volar.

 No hay amor,
aunque profese en versos
y vanas canciones,
en aquel que no sabe dejar,
ni hay sincero querer
en quién no deja volar.

¡Canta una vez más! en este, tu sin igual estío.

Oh gorrión hermoso, canta una vez más,
no dejes tus colores monocromatizar,
permite a tus cuerdas escuchar oh hermoso
violín.

Y si no son apreciadas tus melodías,
ni valorados tus colores o alguien envidia tus
alas, escoge la noche para huir de puntillas,
prefiere la libertad antes que el falso amar,
pues quien profesa tu querer
 y te hace esclavo, no es más que
 un vulgar verdugo, que disfrazado de amor,
mantiene tu alma en pena.

 Huye y no dejes tu rastro, corre sigilosamente
y aprende a dejar sin dolor, las cosas materiales
que solo te producen peso
y dificultan tu despegue.

Nada vale la pena traer contigo,

corre y salva lo más valioso, lo irremplazable,

sálvate y con el tiempo verás,

que aunque en ese día tus ojos lloraron,

tu corazón reencontrará la inocencia de la infancia,

la paz de tus momentos de felicidad sincera y

sonrisas genuinas y cada vez más frecuentes.

 Libera tu alma de la jaula y sabe bien,

que la felicidad siempre ha estado paciente,

esperándote sin prisas ni rencores

a que decidas desintoxicar tu ser,

del venenoso verdugo disfrazado de amor.

LITERA

En el silencio de la palabra escrita trasciende
toda idea, pues tienen alas las palabras que no
se inmortalizan con la pluma.

Perduren para siempre con espléndida gloria,
los pensamientos que en la litera descansan,
los que no penan en los cielos sin reposo y
angustiosas, desaparecen.

Encuentra alivio el alma que, con valentía,
se consagra al santo oficio de desafiar al tiempo,
burlar el espacio y viajar/trascender a la infinidad
con elementos finitos.

Benditos sean aquellos que,
gozando de la riqueza de su imaginación,
se complacen en compartir cada tesoro
y no se abstienen de escribir.

REALIDADES Y SUEÑOS

No será más mi vientre tu dulce refugio,

tu lugar de descanso y tú mar pa' nadar.

Pronto compartiremos este mismo aire, este

nuevo mundo, oxígeno indolente que te hará

llorar.

No serán más mis sueños imágenes borrosas

de tu imaginado rostro pues sabré con claridad,

qué tanto hay de él en tus ojos

y qué tanto he alcanzado dejar de mí

en tu reflejo que te hará recordar,

el lugar de un pasado,

aunque para tí borroso,

con una sonrisa

sabrás recordar, que

fue tu dulce refugio,

tu lugar de descanso,

un precioso comienzo

y tu mar pa' nadar.

Tantas ganas de verte, de enseñarte este
mundo y de escuchar la opinión que tendrás de
él, aunque sé que distinta será de la mía,
estaré orgullosa de en tu corazón haber,
sembrado semillas, para siempre indelebles
y haberte enseñado a quererte y a pensar,
 con autonomía los caminos que elijas,
los futuros que elijas, estaré siempre allí.

 Cuando llegue
ese día donde
puedas tú sola
descubrir este
mundo sin ayuda de mi,
 seguiré complacida en
 ser tu refugio,
un precioso comienzo
 y tu mar para' nadar.

CUERPO

Cabello, honesto
emocionómetro.
Ojos, Pícaros y cautelosos.
Labios, Sinceros y cuidadosos.
Mentón, exceptuando excepciones, arriba.

Hombros, erguidos pero jamás rígidos.
Senos, orgullosos transmisores de vida.
Manos, Modestamente laboriosas
Caderas, valiosa herencia materna
Piernas, expectantes, casi siempre listas.
Pies, valientes aventureros.

Ni más, ni mucho menos, menos.
Es lo que soy, lo que tengo.
Mi materia prima para crear,
interpretar y vivir nuevos
y ya existentes mundos.

SANIDAD

Y de repente apareció aparentemente de la nada, sin contexto y desde lo más profundo del subconsciente...
aparece y se vuelve a desvanecer débilmente,
Sin embargo, hago esfuerzos por hacer que vuelva una vez más.

 Se desdibuja desde las sombras, justo lo que me temía... es uno de aquellos dolorosos,
pero si emergió de las profundidades de mi olvido, podría significar sanidad.
Analizarlo, describirlo, operarlo.
Abrir con bisturí, anestesiada con la idea de un bien mayor y extraer la moraleja adquirida para hacerla mía

Sacar también los errores cometidos

para no volver a caer en ellos y al final de todo,
poder curarlo.

Deseo tratarlo en la sala de
 recuperación de la conciencia
hasta verlo saludable, sin llagas, sin dolor,
 sin lágrimas...

 Verlo fuerte y así aportar un aparente grano de
arena en esta orilla del mar, ese megaproyecto
de crecer, el que ahora no entiendo como un
asunto de olvidar, sino más bien de recordar sin
dolor.

FUERZA

En el vino de tus labios, mi embriaguez,
en el café de tu mirada la explicación de mi
insomnio, en el sirope que destila en tus dedos
mi placer y tus palabras, mi agua fresca de
manantial.

Canta, ríe, llora, que toda acción te queda muy
bien. Bálsamo a mis heridas son tus palabras,
incluso tus silencios en tiempos oportunos,
me sanan.
Llena está mi alma de tus palabras,
todo lo demás está demás.

Vacío aquel cuarto que antes solía guardar
desamores y malos recuerdos,
es ahora el cuarto del olvido
y ha quedado vacío.

ALAS

Me despierto del letargo donde estuve sumergida, y todos estos años y daños son ahora un capullo que, sin entender muy bien cómo, voy rompiendo y dejando atrás.

Salgo muy despacio, voy saliendo y puedo ver por fin ahora mis alas, esas alas, que siempre tuve pero ahora son las que me impulsan y me llevarán.

Abandono hoy las sombras y aunque tengo miedo, puedo ver la luz que se aproxima mientras vuelo.
Todo es nuevo y aún no sé
cómo usar las alas
pero intento y sé que
es lo mejor.

Hoy mi alma decide avanzar y volar no importando lo que deja atrás, no existe deseo distinto que el de poder despegar.

AMIGAMENTE

Siempre me ha
acompañado,
ella se sienta conmigo,
me habla, me enseña,
incluso a veces me ignora.
Con ella he aprendido
el valor del silencio.

Amo cuando compartimos el tiempo, nos
extraviamos al unísono absortas en la
contemplación de la nada.

Hemos pasado mucho tiempo
meditando acerca de la edad que tiene el sol,
de temas trascendentales y efímeros.
Mi amiga, mi consejera y compañera.

Me Escucha, me mira, se ríe y sonríe conmigo.

Es mi testigo,

mi cómplice,

mi fuerza,

mi fiscal y

 mediadora

entre mis

recuerdos

del pasado

y mis planes del futuro.

INVENTARIO

En los atardeceres más remotos de mi adolescencia, solía charlar con el espejo. Aprendí en ese ejercicio a ser muy honesta conmigo misma y desde entonces, disfruto del privilegio de no engañarme y de hacer inventarios de mi vida periódicamente y en ellos, identificar con facilidad las cosas que me hacen feliz, las personas con las que quiero, no quiero estar y por qué.

He aprendido a hacerme caso,
A seleccionar cuidadosamente a los amigos y confidentes, a trabajar específicamente en las áreas que considero débiles y a intentar ayudar a otros, en lo que considero, soy medianamente fuerte.

Durante ese periodo, apelaba constantemente al remordimiento que me producía el verme en lugares incorrectos con personas incorrectas, parejas efímeras, amigas de una noche, charlas superficiales, y en las madrugadas, cuando nadie me veía, muchas veces evitaba enfrentarme al espejo.

Ya no me avergüenzo tanto frente a él,
Ahora lo miro y sonrío y aunque hay días que algún vago recuerdo, algún breve momento del día me haga apartar la vista de su mirada,

Son cada vez más cortos los lapsos desconcertantes y cada vez más largo el tiempo que disfruto de su mirada tranquila, honesta y llena de paz.

LA CHICA DEL ESPEJO

Soy feliz.

No lo soy porque no existen problemas que resolver, malos entendidos que aclarar ni facturas por pagar.

Soy feliz porque a pesar de todo esto,

He determinado que mi condición no depende de mi situación.

Digo que "soy feliz" y no que "estoy feliz", porque hoy sé que el SER es la esencia,

lo que no cambia, y el ESTAR es efímero

y muchas veces depende del contexto…

si pierdo a un amigo, puedo estar triste,

pero no dejo de ser una persona feliz.

Comer en mi restaurante predilecto, con la misma pasión que saboreo un pan.

Viajar y conocer la cultura y los paisajes del mundo con la misma actitud expectante con la que cada día conozco un poco más mi propia ciudad.

Con las personas que amo han habido diferencias por resolver, distancias geográficas que insisten en alejarnos, ni aun de eso depende mi felicidad.

Soy feliz porque decidí estarlo.
Depender de los demás para el bienestar propio, agota emocionalmente, y porque me he dado cuenta que sin importar el cómo, cuándo y dónde, mi eterna compañía fue, ha sido y siempre será la chica del espejo.

HÍBRIDO

Soy de todas las partes donde he estado, donde he vivido. Mi identidad está arraigada en cada lugar donde me he sentido amada, en familia.

Mi comida favorita es la que me trae los recuerdos que me sostienen, la que me ofrece los sabores que me han alimentado.
He absorbido un poco de cada paisaje, cada idioma y de cada sueño que se disfraza de cultura.

Mi historia es un rompecabezas lleno de piezas que aparentan no tener armonía.

Entre boleros y tangos, entre inviernos difíciles y cálidos veranos, entre el norte y el sur, en la colorida costa y en monocromo interior, en cada familia que me brindó un lugar para descansar, ahí está mi hogar.

Mis ideas muchas veces están en palabras de nuevos idiomas y han sido absorbidas y es difícil describir lo que siento y pienso, el contexto que encierra, cada idea o recuerdo que quiero transmitir.

No se trata de millas, ni de puntos en el mapa ahora son experiencias, amigos y canciones.
Son ahora fragmentos de éste único elemento que es mi nómada corazón.

Vengo de donde he vivido y voy hacia donde deba ir para seguir creciendo.

Vengo de las tierras que me han visto crecer y del viento que me ha llevado de un lado a otro.

Vengo de las olas que me han arrastrado a varias orillas y de las islas que he encontrado para sobrevivir. Soy de navíos, de naufragios y también de tierra firme.

Soy de agua, viento, fuego y de la misma tierra que tu. Soy de cada lugar donde he reído, donde he llorado y sobre todo donde he amado. Soy del suelo que pisas ahora y también del que no has pisado aún.

CLAVE DE LOS

Siempre he leído esta vida
con la clave de sol al revés
Siempre he tenido ésos sueños
que se mezclan con mi amanecer.

Cada nota marea un paso
y cada pausa un fracaso
Cada línea un destino
Y cada espacio un adiós.

Ha quedado en desuso
leer la vida desde la primera línea
pero aun desde ese génesis,
comencé a presentir que algo estaba al revés

Me contaron que ayer era muy diferente
que durante muchos años la podía dibujar
que leía la vida en sentido correcto

que lo interpretaba todo sin cuestionar

Hoy continúa leyendo en clave de los
sueños y realidades , eso to determino yo
y   aunque digan que es falso atrás quedan ya
temores y adioses difíciles de pronunciar.

MI CASA LIMPIA

Y aquí me encuentro nuevamente creando mundos con ráfagas de inspiración y motivación profundamente efímeras y efímeramente poderosas. Y así me pasaba la vida y el tiempo me volaba, con libros sin terminar, ideas sin anotar, excelentes títulos olvidados y melodías sin grabar, procrastinando un éxito imaginario en el que era la protagonista imparablemente vencedora.

Yo era en mi cabeza siempre desde niña, el personaje principal de una historia que tenía logros impresionantes en cada una de las áreas en las que sentía que podía desenvolverme y sin embargo hoy a mis 45 años, estoy arrellanada en el sillón de mi casa a las 4:35 de la mañana agotada de una madrugada que ha sido testigo de cómo canalizo toda esta energía en esfuerzos físicos para tener esta casa limpia, la comida hecha, la ropa limpia y muy pronto, doblada y guardada perfectamente en los cajones del olvido, donde estarán perfectamente organizados por muy pocos días. Aparenta un esfuerzo pasajero en comparación con los éxitos de mis proyectos imaginarios sin embargo, suelo comparar los pocos días que estará la ropa doblada y lo poco que dura una comida consumida después de tanto esfuerzo en la cocina, con los logros de mi imaginaria vida y al parecer son igual de efímeros.

Si busco ser recordada, sé que seré olvidada tarde que temprano, eso sí, muy pocas personas me recordarán si paso mi vida manteniendo mi casa limpia, pero pasará igualmente si llegase a ser una persona de éxito de renombre y en los labios de muchos humanoides pronuncian las sílabas que componen mi indeterminado nombre… en algún punto indefectiblemente el viento del tiempo, se irá llevando mi recuerdo para siempre, como se ha ido el nombre de los que han logrado mucho más que lo que mi efímera existencia podrá lograr jamás.

Si busco satisfacción personal debo ser honesta y confesar que, en mi cuerpo se producen las mismas hormonas de la felicidad con las que me he extasiado las veces que estoy en un escenario cantando con toda mi alma y sintiendo que he triunfado por el tiempo que dure el concierto, que cuando veo la comida lista, la ropa organizada, la casa limpia y siento la fragancia de la lavanda.

Si persiguiera insensatamente alcanzar logros materiales, viviría con la angustia innecesaria de perder todos mis bienes en una catástrofe impredecible. Cambiaría mis madrugadas de reflexiones, de creaciones insólitas y delirios de madre perfecta, por pensamientos escalofriantes que me lleven a crear formas infructuosas de proteger las riquezas. Ataría al suelo un alma que ya conoce el cielo y encerraría en una jaula dorada a un pájaro que ya sabe lo que es volar.

Entonces elijo vivir. Decido entender que la ley de la gravedad no se limita al mundo de la física y de lo material, sino que la vida de cada ser humano está en constante caída. Que todos de alguna u otra manera, experimentamos situaciones y condiciones que nos hacen caer y hundirnos en las movedizas tierras de la existencia y que cada vez que hago el esfuerzo de concientizar estas áreas de mi vida que se están cayendo, estoy trabajando de manera más efectiva para hacer que vuelvan a levantarse. Decido nadar contra la corriente de argumentos que buscan deprimirme, porque he entendido que la vida a todos nos da razones para sentir insatisfacción sin embargo, cada vez que practico el ejercicio del agradecimiento y de la introspección, al igual que los peces que también nadan en contracorriente, me hago más fuerte.

Y es lo que he decidido, dedicarme a limpiar mi casa, mi lugar, mis áreas débiles y sucias. A remover cada día el polvo que busca hacerme caer, que busca deprimirme y a remover todo argumento que me lleve hacia el suelo y a levantarme cada mañana. A cocinar en fuego bajo mis proyectos y a doblar perfectamente mis emociones, porque eso persigo, es lo que busco y siempre ha representado y representa el secreto de mi felicidad.

PARA SARA

Yo sé que ahora no lo comprendes, pero más temprano que tarde entenderás el ritual que practico contigo en el espejo cada mañana. Yo no podré evitar que a tu vida lleguen momentos donde sientas dolores profundos, terribles decepciones y frustraciones propias de la existencia, pero puedo regalarte el recuerdo de tu rostro en el espejo y mi voz recordándote: "Soy fuerte, inteligente y tierna como un elefante".

Existen tantas experiencias, datos curiosos, planes e ideas que muero por compartir contigo, y aunque estoy segura (y de eso dependerá mi éxito como madre) que mi cosmovisión de la vida será completamente distinta de la tuya, no deja de hacerme feliz la idea de que cada día tendré espacios para compartir la mía contigo.

Muero de ganas por conocerte, escuchar tus pensamientos, por saber qué te apasiona, o si prefieres no apasionarte por nada. Deseo conocerme mejor al enfrentarme a las decisiones que tomes con las que esté completamente en desacuerdo y así saber si he crecido o si intentaré amoldarte a mis criterios.

Mientras tanto, solo quiero hacerte saber que te amo, que eres amada y fuiste muy deseada. Que eres perfecta y que desde que eras un bebé, has sabido demostrar que eres fuerte, inteligente y tierna como un elefante.

FRAGMENTO DE "CRIPSIS"

Llovía torrencialmente esa noche y como de costumbre se había ido la luz. Intentó dormir pero un rayo estrepitoso la despertó. El viento golpeaba con mucha fuerza la ventana, parecía como si un ejército de soldados se subieran rodeando el pequeño departamento de Ella.

Frío insoportable y sin luz -"Es tu primera tormenta eléctrica en esta Isla, te hará fuerte" se repetía muchas veces porque en realidad, lo que más deseaba en ese momento era estallar en un llanto interminable. Sabía que llorar no arreglaría las cosas, sabía que noches como ésta, normalmente la paralizaban. Entonces lo hizo.

Se levantó de la cama y caminó a tientas hasta la puerta, mientras los truenos continuaban su tarea de intimidarla y el frío parecía cortar su piel. Avanzó, tocó la pared buscando las llaves y al encontrarlas, suspiró. Abrió la puerta y entonces, enfrentó la tormenta. Allí estaba ella y sus temores pero esta vez, estaba sola.

Abrió sus ojos como nunca antes lo había hecho, dio a sus miedos la cara y se cruzaron por primera vez sus miradas. Al parecer la tormenta lo sintió porque entonces, se agudizaron los truenos y los relámpagos desafiaban su valentía pero Ella continuaba, sabía que estaba en pie de guerra, que no era una tormenta si no una lucha entre ella y sus temores entonces recordó que era fuerte, entonces recordó su infancia y se recordó a ella misma sin prejuicios. Se vió así misma siendo una niña jugando a ser valiente, ella sin sus estigmas dados por la sociedad y por sus malas experiencias. Se levantó, se despertó la niña que todo lo cree, que todo lo puede y su imaginación le permitió volar, volar los pantanos el dolor y temor, sobrevolar a todos y llegar hasta el fin. Entonces, en medio de truenos, rayos y esa tempestad, suspiró.

Cerró sus ojos y se sintió invencible, y esa tormenta que antes la atormentaba fue la que se encargó de darle la valentía que necesitaría para enfrentar lo que venía. Se recargó con sus temores, se fortaleció con sus miedos y entonces cuando se fue la tormenta, incluso llegó a extrañarla y sin embargo, Ella ya estaba lista para continuar.

RAMAS SECAS

Quiero podar las ramas secas que me sobran
Arrancar lo que me pesa
Pero están ahí y aunque las quiebre
Reaparecerán
A veces le he ganado batallas
Pero la guerra será hasta que deje está tierra

Es un ciclo que se repite,
un viento que nunca se apaga.
Las cicatrices se disfrazan de olvido,
pero el alma siempre las carga.

Cada corte, cada intento,
es una lucha que me enseña a crecer.
Aunque el dolor sea mi compañero,
sé que al final sabré florecer.

Las ramas secas me dicen que no puedo,
pero la vida, aunque herida, me impulsa.
Y aunque el invierno sea largo,
tengo fe en que la primavera llegará.

FIGHTING

I know myself, I need at least to try it
I will not surrender from the beginning
At least I want to try.

I know it's hard and any level is even worse
Just when you think you won the war,
you realize that it was just another battle.

This battle will find me fighting this time
And if I fall, it will be with you,
And if I fail, it will only be with you.

I lost "the sword" in the way,
and I was afraid because of that
but I discovered this is not the only weapon I
have

FIRE

I just realized who I am
After all those years without me
Pushing so hard
To turn me off
Trying to extinguish
This fire in me

And now I am sure
That Nobody knows
Where I wanna go

Fire, fire
My fire isn't a sin
Not anymore
This fire, my fire
I will never try to stinguish
Anymore, not anymore.

TAKE IT EASY

So many years in the cage
and when finally the door is open
we forgot how to fly

Be patient with yourself
you need to learn again how to fly
 and to do it you need some time

 so take it easy and learn it easy
take the time you need to know how to fly
don't compare yourself with others
every single person
 lives in another multiverso

LOVAINA

La ciudad de Lovaina, una tacita de té inglés.

Pequeña, hermosa, acogedora, promete comodidad, buenas charlas y gente viva y conectada con su presente. Gente que te sonríe en las calles al caminar o al pasar en la bicicleta, principal medio de transporte, especialmente para los estudiantes que llenan los espacios de color, alegría y esperanza hacia un futuro mejor.

En otras ciudades donde había vivido, ya había experimentado la magia de las cuatro estaciones pero jamás tan marcadas y pintorescas como en Bélgica (no puedo decir "puntuales", ya que no faltan los días de invierno en primavera y uno que otro día de otoño en invierno).

El aire fresco de la mañana es diferente al de cualquier otro lugar. El sol, aún tímido, parece colarse entre las nubes con la promesa de un día despejado. Las calles adoquinadas, algunas tan viejas como la ciudad misma, se llenan de pasos apresurados, bicicletas que zumban a su ritmo y las primeras olas de conversación en neerlandés, francés y, si se escucha atentamente, incluso algunas palabras en español, ese acento acogedor que me resulta tan familiar.

Pero Lovaina no es solo su gente o su paisaje; es el latido sutil, casi imperceptible, de una ciudad que se reinventa con cada estación, que se adapta a los cambios sin perder su esencia.

Primero vinimos por el invierno… en Lovaina tiene su propio carácter. Los días grises y las lluvias intermitentes hacen que todo se vuelva introspectivo. El frío se siente en los huesos, pero la calidez de un café en una pequeña cafetería o el aroma de un chocolate caliente reconfortan el alma. Así es mi esposo, aunque reflexivo y profundo, me ofrece su calidez y alivio en los tiempos más duros.

En primavera, el aire se vuelve suave y el verde de los parques se extiende como una alfombra infinita como Emma, es una flor esplendorosa, siempre alegre y de color rosa. Ésta ciudad siempre será el lugar donde ella nació y así nos vayamos algún día, la llevaremos y recordaremos en cada primavera.

En verano, las terrazas se llenan de estudiantes conversando sobre proyectos, planes y sueños, mientras el sol parece colarse hasta la última esquina y así soy yo en Lovaina… Después de siete años en Europa, Lovaina me llenó el alma de nuevo de sueños nuevos, de proyectos y llegó como un sol radiante que brilla aún en el más frío invierno.

El otoño llega como una melodía, anunciada por el crujir de las hojas caídas y los colores intensos que pintan los árboles. Lovaina será siempre la ciudad donde nació el árbol naranja y colorido de Sara, mi hermosa hija mayor... fuerte, robusta y serena.

Lo que más me asombra es cómo, pese a las estaciones tan cambiantes, la ciudad se mantiene fiel a sí misma. Los edificios antiguos, las iglesias góticas que parecen vigilar cada rincón, y las plazas donde los jóvenes se reúnen después de clases, todo sigue allí, como si el tiempo solo pasara a su alrededor.

Cada vez que me pierdo por alguna de sus callejuelas, descubro algo nuevo: una librería escondida, una panadería con aromas irresistibles o una pared decorada con arte callejero que le da un toque único a la ciudad.

A veces, cuando me siento en la plaza mayor a observar la vida que pasa, me pregunto si algún día esta ciudad se irá también de mí, como tantas otras. Pero por ahora, me dejo llevar por su ritmo, por sus estaciones impredecibles, y por la gente que siempre tiene una sonrisa, un gesto amable o un "Goedemorgen".

Para mi, Lovaina será siempre la ciudad donde hice mi maestría, donde vi crecer académica y personalmente a mi esposo. Será siempre la ciudad donde nacieron mis hijas y la ciudad donde encontramos amigos que nos hacen sentir amados y rodeados de un cariño cálido, sin importar en qué estación del año estemos.

Lovaina, con su encanto discreto y su mezcla de lo antiguo y lo moderno, es un recordatorio constante de que, a veces, la belleza no necesita ser grandiosa para ser memorable.

QUERIDO DIARIO:

En los atardeceres más remotos de mi adolescencia, solía charlar con el espejo. Aprendí en ese ejercicio a ser muy honesta conmigo misma y desde entonces, disfruto del privilegio de no engañarme y de hacer inventarios de mi vida periódicamente y en ellos, identificar con facilidad las cosas que me hacen feliz, las personas con las que quiero, no quiero estar y por qué. He aprendido a hacerme caso, a seleccionar cuidadosamente a mis amigos y confidentes, a trabajar específicamente en las áreas que considero débiles y a intentar ayudar a otros, en lo que considero, soy medianamente fuerte.

A veces nos perdemos en voces externas que intentan explicar cómo somos, o más bien cómo nos ven desde afuera, sin embargo, el conocernos a nosotros mismos es una labor que debemos hacer con el espejo. Por supuesto, no estamos sólos. Las personas que nos aman nos hacen ver detalles, virtudes y falencias que no podemos ver, sin embargo, nuestra esencia, intenciones, motivaciones, sueños, gustos y predilecciones, sólo pueden ser dictaminadas por nosotros mismos. por esto, abrir nuestro corazón con honestidad, sin temor a ser juzgados, decir lo que pensamos y sentimos, verdaderamente nos libera.

A pesar de creer conocerme, el iniciar el ejercicio de identificar mis virtudes y debilidades me hacía un poco más fuerte cada día,

Durante ese periodo, apelaba constantemente al remordimiento que me producía el verme en lugares incorrectos con personas incorrectas, parejas efímeras, amigas de una noche, charlas superficiales, y en las madrugadas, cuando nadie me veía, muchas veces evitaba enfrentarme al espejo. Sabía con exactitud lo que me diría, conocía de memoria sus razones y sin embargo, tomar malas decisiones es la raíz de todos los vicios.

Y no me regían entonces (desafortunada /afortunadamente) lineamientos morales de mi niñez, si no el reconocimiento de mi valor frente a lo infructuoso de mis acciones y decidía entonces atribuirle a mi voluntad, el peso de los recuerdos del pasado.

En una de esas relaciones efímeras, me encontré una tarde, entregando mi tiempo, mi trabajo, interés y energía, aun sintiendo que no era mutuo. Esta balanza estaba evidentemente eligiendo un lado. No quiero dejar de ser buena, pero no puedo dejarme a mi mismo por nadie. Cociné, comimos, yo limpié, lavé, saqué la basura, llamé a sus padres para saber si seguían vivos... hice todo.

Conservaba entonces todavía el deseo de ser escuchada, de compartir las cosas que escucho, que aprendo, que juego, que siento. por ejemplo, siento que ahora hablo más con cualquiera que conmigo.

Sin embargo, comencé a darme cuenta que la vida, siempre y a todos, nos da razones para sumirnos en la tristeza, SIN EXCEPCIONES, aunque conozco muchos quienes han decidido pensar que sufren más que otros, me di cuenta que TODOS SUFRIMOS DE MANERAS DIFERENTES, pero siempre estará en nuestras manos alimentar o no esas situaciones que nos afectaron en el pasado, que lo siguen haciendo en el presente e incluso las impertinentes que aparecerán en nuestro futuro. Siempre habrán cosas que nos hacen daño (física, económica, emocional, psicológicamente) pero depende de nosotros darles el lugar que merecen.

Debía enfrentarme a superar mis temores emocionales, y con ellos, a los recuerdos que hasta ese momento me habían impedido confiar y caminar de la mano con alguien.

QUERIDO DIARIO (2):

Todo, absolutamente todo lo que somos en lo que nos hemos convertido hoy lo que vemos frente al espejo, es el resultado de un proceso. No llegamos a ser quiénes somos un día cuando nacimos lejos de eso, hemos vivido sentido visto escuchado palpado innumerables experiencias que nos han hecho ser quiénes somos hoy. Nadie llega a ser altruista o egoísta sin razón. Si examinamos nuestros contextos y nos tomamos una pausa para entendernos, lograremos descubrir porqué somos así. Un adicto no nació adicto, en algún punto de su vida tuvo su primera experiencia y dependiendo cómo fue esta sus decisiones lo llevaron a serlo. Una vez, otra vez... un día, otro día... un poco, otro poco... y así progresivamente nos vamos convirtiendo en algo que no éramos al principio sin embargo, no todo es malo. También convertirnos en las cosas buenas que somos, llevan un proceso.

Por eso debemos tomarnos un tiempo para autoevaluarnos y determinar que nos gusta de lo que somos hoy y seguir reforzando estas acciones, personas, momentos, lugares e instantes que pueden alimentar las cosas que queremos fortalecer y de igual manera, debemos admitir lo que no nos gusta de nosotros mismos y también debemos tomarnos un tiempo para identificar estas cosas y decidir sacarlas de nuestras vidas. No va a ser un milagro instantáneo. Muy pocas personas que yo he escuchado, han reconocido que dejan sus adicciones, relaciones tóxicas, etcétera de manera instantánea, por algún milagro… Pues nosotros los humanoides, entendemos que es un proceso y que así como nos toma mucho tiempo y años, por ejemplo, comer de una manera incorrecta, nos tomará tal vez un poco más de tiempo aprender a hacerlo de la mejor manera.

Si identifico que tengo malas compañías, debo sacarlas de mi vida progresivamente y elegir con cautela con quién quiero rodearme, identificar para quién puedo ser útil, cómo puedo ayudar a las personas y si esas personas aceptan la ayuda y soy útil para ellas, sé que debo estar allí y viceversa. También debo saber quién me hace mejor persona cada día, repetir una y otra vez las cosas que me han hecho bien y aprender a desaprender las cosas que me dañan. Debo rehusarme a eliminar lo que no me sirve y llo que desdibuja la mejor versión de mí misma.

Entonces resolví ser una mártir feliz.

No hacer una apología al sufrimiento, no idolatrar el dolor, si no poder atravesar situaciones dolorosas y poder salir con el corazón ileso. No quemar el lienzo y desterrarlo en el olvido si no pintarlo con los colores apropiados para dejar ir mis sentimientos por medio de ellos… aprender de las situaciones y entender que la vida no siempre nos da lo que queremos si no lo que requerimos para crecer. Perdonar a los que me han lastimado. Saber que van a volver a intentarlo, pero saber cómo salir del laberinto del rencor y tener la opción de superarlo.

ESO

Eso, eres todo, específicamente todo,
todo lo que mis insomnios reclaman.

Eres la ciencia, la esencia.
Autor de esa sombra que me abriga y me
cautiva.

Amo de mis sueños y mis desvelos,
creador de mi risa y mi sonrisa.
de mis altos y mis bajos mi felicidad está
plagada de tu nombre por todos lados

Eres la fuerza que mueve mi corazón
y el silencio que me habla cuando el mundo
calla.
Eres mi principio y mi fin,
y aún así, te busco cada día,
como si cada vez fuera la primera vez.

SOY

Ya no hay maquillaje que cubra mis desvelos
y en ellos me pregunto quién y cómo soy.
Soy amigable, tierna, romántica y feliz.

Disfruto estar bien con la mayoría.
Estoy orgullosa de sentirme muy cercana a los
que he decidido amar y lejana, distante y
educada con los que he decidido alejar.

Soy litera y canciones, soy fuego amando y
agua curando, soy viento creando y tierra
disfrutando.

Disfruto mi cabello y mi rostro.
Amo vestir y desvestir mi cuerpo,
explorando cada curva, cada línea,
como si fueran mapas que me cuentan
historias.

Soy luna en las noches de dudas,
y sol cuando la claridad me llama.
Me dejo ser sin prisa, sin expectativas,
con la libertad de quien sabe que la vida es un
viaje sin destino fijo,
solo momentos para vivir, para ser.

Me permito ser la contradicción,
el caos y la calma, la tristeza y la alegría,
como el mar, que nunca deja de moverse
aunque siempre regresa al mismo lugar.
Y en mi interior, me encuentro sin prisas,
construyendo mi verdad, capa por capa,
con cada error, con cada acierto,
y con el amor que me guardo y comparto.

Made in the USA
Las Vegas, NV
06 May 2025

0f48177d-3bc6-49ca-b085-dd47efc975a3R01